PÉTITION

DE 230

IMPRIMEURS et LIBRAIRES

DE PARIS

SUR LE PROJET DE LOI

RELATIF

A LA POLICE DE LA PRESSE;

SUIVIE

D'OBSERVATIONS

SUR LE RAPPORT DE LA COMMISSION

DE LA CHAMBRE DES DÉPUTÉS.

PARIS.
IMPRIMÉ CHEZ PAUL RENOUARD,
RUE GARANCIÈRE, N 5, F. S.-G.

FÉVRIER 1827.

A MESSIEURS LES MEMBRES

DE

LA CHAMBRE DES DÉPUTÉS

DES DÉPARTEMENS.

Messieurs,

Les Libraires et Imprimeurs, soussignés, viennent vous exposer avec confiance les alarmes qu'a répandues parmi eux le projet de loi sur la police de la presse, soumis à vos délibérations.

Ce projet de loi portant une atteinte grave à la liberté de la presse que vous venez de reconnaître si chère à la France, aux droits sacrés de la propriété, aux progrès ultérieurs des lumières, à l'existence d'une branche importante et honorable du commerce français, nous nous permettons d'appeler votre sollicitude sur les premiers effets qu'il a produits et sur les maux innombrables qu'entraînerait son adoption.

Depuis que la marche de la civilisation a donné aux produits de la pensée et aux travaux de l'esprit humain une grande importance commerciale, l'Imprimerie et la Librairie ont pris un immense accroissement. Notre commerce, composé d'élémens tous indigènes, est devenu depuis quelques années, pour la France, une des branches d'industrie les plus considérables, et l'étranger est maintenant tributaire de nos presses. Les tableaux statistiques publiés chaque année par M. le préfet de la Seine, assignent à nos produits le second rang dans les exportations de la ville de Paris.

Nous supportions depuis long-temps, sans nous plaindre, les effets d'une législation toute exceptionnelle, qui a donné à l'administration la faculté de nous priver, sur une seule condamnation à la peine la plus légère, de notre brevet, qui est le seul titre de notre existence légale et commerciale. Nous attendions des jours de justice où il nous serait permis d'exercer notre industrie dans les limites du droit commun; nous espérions que la réforme ne s'introduirait dans cette législation que pour retirer à l'autorité, par des dispositions précises, le droit qui lui est dévolu de ruiner ceux que les tribunaux ont punis sans les condamner à la ruine; mais nous l'espérions dans un avenir plus ou moins éloigné, faisant ainsi la part aux nécessités du moment, et comprenant que les améliorations ne viennent qu'avec le temps.

Quels n'ont pas été notre surprise et notre effroi quand, au lieu de cette réforme bienfaisante, nous avons lu le projet de loi qui vous est présenté! Non-seulement il maintient le passé et nous continue dans la situation précaire où nous sommes, mais des dispositions nouvelles viennent compromettre encore l'existence de notre industrie. Si vous adoptiez, Messieurs, un tel projet, les conséquences les plus funestes signaleraient bientôt les vices de la loi. Forcés de suspendre la plupart de nos travaux, que deviendraient, avec les nôtres, les différentes professions qui s'y rattachent immédiatement : celles des fondeurs en caractères, des graveurs en tous genres, des lithographes, des imprimeurs en taille-douce, des fabricans d'encre d'imprimerie, de presses et de tant d'objets divers; celles des assembleurs, satineurs, brocheurs et relieurs? Enfin, quelle atteinte portée dans toutes les parties de la France à nos fabriques de papiers et au commerce des marchands de chiffons, alimenté par d'innombrables pourvoyeurs répandus dans nos villes et jusque dans nos campagnes ! Ces diverses professions comprennent plus de cent mille familles, dont la plupart seraient réduites au dénûment et à une effrayante oisiveté.

Mais, Messieurs, nous ne voulons pas vous affliger par le tableau d'une horrible misère ; nous ne venons pas non plus discuter en ce moment le projet de loi; nous devons cependant affirmer que la plupart des dispositions qui nous sont particulières, nous paraissent rédigées dans une ignorance complète des habitudes et des usages des divers genres d'industrie auxquels elles s'appliquent, et qu'elles entraveront désormais la fabrication des livres et leur publication.

Sans entrer ici dans l'examen des inconvéniens attachés à la proposition nouvelle, ni même sans prétendre les signaler tous dans les bornes étroites d'une pétition, permettez-nous d'en indiquer sommairement quelques-uns. L'impossibilité pour l'imprimeur de se procurer un local suffisant à toutes les opérations qui précèdent et accompagnent la publication d'un livre, le préjudice des retards mis entre le dépôt et cette publication, vous auront sans doute déjà frappés.

Vous remarquerez aussi, Messieurs, que dans les cas de concurrence avec l'étranger, pour fabrication simultanée, c'est lui assurer une prime au détriment du commerce français. Vous remarquerez que c'est exposer l'imprimeur à une responsabilité terrible et à des transes continuelles; les exemplaires des ouvrages déposés devront donc, pendant les cinq ou dix jours de délai, être soumis à la surveillance spéciale du maître Imprimeur, sans qu'il puisse confier à personne cette partie de surveillance à laquelle son existence sera attachée. L'Imprimeur ne peut avoir la ressource d'imprimer seulement les cinq exemplaires du dépôt, en gardant les formes composées; il n'y a pas à Paris une seule imprimerie en état de conserver, tout composé, le quart des volumes qu'elle achève journellement, sans être complètement paralysée dans ses autres travaux. Les dix jours sont expirés : dès la sortie des premières feuilles pour l'assemblage et le brochage, l'autorité prenant, aux termes du projet de loi, cette sortie pour une publication, saisit l'édition tout entière; l'Imprimeur croyait déjà son ouvrage livré, mais il n'en est rien! Le Libraire sera-t-il forcé à solder le prix d'un travail qu'il n'aura pas reçu? L'achat du papier, les frais de composition et de tirage, seront perdus; et par qui seront-ils supportés? En outre, l'impôt nouveau et excessif du timbre, est, de toutes les combinaisons du fisc, une de celles qui seront le plus désastreuses, en empêchant la publication d'ouvrages éminemment utiles, et en créant un privilège pour une certaine classe de livres élémentaires. Il n'a pu d'ailleurs entrer dans les intentions du gouvernement de frapper une branche particulière d'industrie d'un impôt tout exceptionnel, dont les chétifs produits, loin d'enrichir le trésor, affaibliraient nécessairement d'autres sources de revenus.

Si, pour nos intérêts communs, il ne résulte de l'adoption du projet de loi que l'impossibilité désolante de remplir des engagemens contractés tant envers le commerce qu'envers le public, sous la foi des lois existantes, que doivent attendre particulièrement les Imprimeurs? des confiscations, des amendes, l'emprisonnement, et la perte de leur état; et non pas seulement des amendes personnelles, mais des amendes solidaires avec l'auteur, l'éditeur, et renouvelées pour chacune des saisies faites à Paris ou dans les départemens. Comment échapperaient-ils à leur ruine ? En devenant les censeurs des ouvrages à publier. Mais une telle censure supposerait un ensemble de connaissances, des loisirs, et des moyens de contrôle qui leur manquent. Si des juges pleins de sagacité, de lumières et d'expérience, peuvent différer d'opinion au point que le même ouvrage soit condamné par un tribunal et absous par un autre, comment voudra-t-on faire subir aux Imprimeurs les funestes conséquences d'une erreur toute semblable!

C'est au nom de la paix publique, Messieurs, au nom de la morale, qu'on vous a proposé de voter une loi qui doit entraîner la ruine de plus de cent mille familles. La paix! où a-t-elle été troublée? à quelle époque les écrits graves et sérieux ont-ils été plus recherchés, les écrits obscènes ou diffamatoires plus méprisés? Nous avons été les premiers à condamner cette apparition subite de libelles biographiques répandus dans ces derniers mois (par des hommes que nous pouvons croire étrangers à la Librairie) comme pour provoquer et appuyer le projet de loi désastreux qui vous est soumis. Les lois existantes, déjà très sévères, ne suffisaient-elles pas pour les poursuivre et les punir?

Une crise commerciale, dont vous avez dû gémir avec nous, avait ébranlé les intérêts industriels du monde entier : l'Imprimerie et la Librairie en avaient longtemps souffert. Elles commençaient à peine à reprendre quelqu'activité, lorsqu'au lieu d'encouragemens et d'une véritable liberté qui pouvaient en peu de temps les faire fleurir de nouveau, une proposition funeste vient jeter la consternation parmi nous, et détruire en un instant nos espérances!

C'est à vous, Messieurs les Députés, c'est à votre sagesse et à vos lumières qu'il appartient de nous préserver d'un tel malheur; nous vous conjurons, au nom de la Charte qui doit nous régir tous, au nom du respect que vous conservez pour son auguste auteur, au nom de la loyale promesse de S. M. Charles X, de repousser un projet qui, en attaquant le génie dans la plus précieuse des propriétés, envelopperait dans un même désastre l'Imprimerie française et la littérature nationale, toutes deux réduites à s'exiler du sol de la France.

Nous avons l'honneur d'être, etc.

Veuve Agasse, Aillaud, Aimé André, Andriveau; Anselin et Pochard, Audin, Audot, Bachelier, Balzac, Barrois l'aîné, l'un des deux doyens de la Librairie; Théophile Barrois père, Charles Barrois, A. Barrois, Baudouin frères, Baudry, Béchet l'aîné, Béchet le jeune, Belin-Leprieur, Bellavoine, Bellemain, Arthus Bertrand, Bezou, Blaise jeune, Blanchard, Bobée, Boiste, Hector Bossange, Adolphe Bossange, Boucher, Boucquin, Bouland, Bridelle, Brière, Carilian-Goeury, Casimir, Causette, Charles Béchet, Chollet, Louis Colas, Compère, Coniam, Corbet l'aîné, Cordier, Cosson, Crapelet, Crevot, Crochard, Darne, Daubré, David, Debeausseaux, Debure frères, L. Debure, Decourchant, Delaforest, Delalain, Delangle, Delaroque aîné, Delaroque jeune, Delaunay, Mlle Delaunay, Delestre-Boulage, Denn, veuve Desauges, A. Desauges, Deschamps, Déterville, Pierre Didot l'aîné, A. Firmin Didot, J. Didot, Hyacinthe Didot, Didot jeune, Didier, Dondey-Dupré père, Dondey-Dupré fils, Doyen, Dufart, G. Dufour et d'Ocagne, Dumagnon, P. Dupont, A. Dupont et Roret, Duverger, Emler frères, Fain, Fantin, Farcy, Feret, Ferra jeune, Fontaine, Fortic, Foucault, Fournier, Fournier Favreux, Furne, Gabon, A. et W. Galignani, Gallay, Galliot-

Garnot, Gauthier-Laguionie, Gide, Gondar-Roblot, Charles Gosselin, L.-F. Gosselin, A. Gosselin, C. G. Gosselin, Gratiot, Grimbert, Grispierre, Gueffier, Guillaume, Guillemot, Guiraudet, Hautecœur-Martinet, Henry, Herhan, Hivert, Hubert, Mme Huzard, née Vallat-la-Chapelle; Huzard-Courcier, Janet et Cotelle, Louis Janet, Jérôme, A. Johanneau, Kilian, Lachevardière, Mlle Lacloye, Ladrange, Ladvocat, H. Langlois père, H. Langlois fils, Lebarbier, Lecaudey, Lecerf, Lecluse, Lecointe et Durey, Ledentu, Ledoux, Ledoyen, J.-J. Lefèvre, N. Lefèvre, Lefuel, Lejay, Lelièvre, Lemoine, Lenormant père, Mlle Lenormant, Leprieur, Lerouge, Levrault, Louis, Lugan, Magimel, Malher et compagnie, Malpeyre, Mame-Delaunay, Mangeot, Marchand-Dubreuil, Momus et compagnie, Ménard et Desenne, Méquignon l'aîné père, l'un des deux doyens de la Librairie; Méquignon junior, Méquignon-Marvis, Merlin, Michaud, Migneret, Moessard, Mongie aîné, Mongie jeune, Moreau, Moreau, Moutardier, Nepveu, Nève, Onfroy, Orange, Panckoucke, Pâris, Parmentier, Payen, Pelicier, Ve Pichard, N. Pichard, Pigoreau, Pillet aîné, Pinard, Plassan, Pochard, Ponthieu, Ve Porthmann, Prudhomme, Quoy, Rapilly, Raymond, Raynal, Rémont et fils, Renard, Jules Renouard, Paul Renouard, Rey et Gravier, Richomme, Rignoux, Roret, Rosier, Rousseau, Rousselon, Saint-Jorre, Sautelet et comp., Servier, D^{lle} Sigault, Simonet, Smith, Tastu, Tenon, Tenré, Thieriot et Belin, Thoisnier-Desplaces, Thomine, Ch. Thuau, Tilliard frères, Hippolyte Tilliard, Tournachon-Molin, Tourneux, Treuttel et Wurtz, le baron Trouvé, Truchy, Verdière, Veret, Volland jeune, Werdet et Lequien.

Ont adhéré à cette pétition, qu'ils n'ont pas signée pour cause d'absence :

MM. Baillière, Bossange père, Villerey.

OBSERVATIONS

SUR

LE RAPPORT DE LA COMMISSION

DE

LA CHAMBRE DES DÉPUTÉS.

———◆———

Les soussignés, Imprimeurs et Libraires à Paris, s'étant réunis, d'après le vœu d'un grand nombre de leurs confrères, pour s'occuper d'un travail à l'appui de cette pétition, ont invité M. Ch. Renouard, avocat à la Cour royale de Paris, fils et frère de Libraires et d'Imprimeur, à se joindre à eux, afin de rédiger, de concert, les observations suivantes, d'après les notes et les documens qui leur ont été remis.

P. DIDOT L'AÎNÉ.
WURTZ.
A. FIRMIN DIDOT.
Ch. BARROIS.
Jules RENOUARD.
FAIN.
SAUTELET.

OBSERVATIONS

SUR

LE RAPPORT DE LA COMMISSION

DE

LA CHAMBRE DES DÉPUTÉS.

Les Imprimeurs et Libraires de Paris, en présentant leur pétition, n'ont pas eu l'intention de se borner à des plaintes exposées en termes généraux. Lorsqu'ils ont affirmé que l'adoption du projet devait leur faire tort à tous, et entraîner la ruine complète d'un grand nombre d'entre eux, ils ont dû se tenir prêts à démontrer leurs allégations et à combattre de tous leurs efforts un projet dont la seule proposition a déjà eu pour effet de paralyser leurs opérations commerciales.

Le rapport de la Commission de la Chambre des Députés a fait justice de quelques-unes des dispositions, par lesquelles l'Imprimerie et la Librairie se voyaient si injustement accablées. La fatale invention du timbre est tombée; d'autres modifications importantes ont amendé le projet originaire, et ont donné des témoignages du desir qu'a eu la Commission de ménager les intérêts du commerce.

Il s'en faut néanmoins de beaucoup que les intérêts du commerce aient cessé d'être compromis. Le projet n'est point devenu bon; car il en est resté quelque chose; on l'a seulement purgé de quelques-uns de ses vices.

Presque toujours il était arrivé, en toute matière, que si une loi nouvelle corrompait la législation antérieure, elle rachetait du moins par quelques améliorations de détails les torts des principales dispositions. Ici, rien de pareil; tout, par un accident presque inouï dans nos fastes législatifs, est funeste sans compensation. Le projet de la Commission, que la comparaison avec le projet originaire fait, au premier abord, trouver supportable, aurait aussi vivement inquiété les esprits, s'il fût apparu le premier.

Quoiqu'il reste de l'incertitude sur la question de savoir si les amendemens de la Commission seront consentis par le ministère, cependant l'on ne s'attachera ici à combattre aucune des dispositions que la Commission a repoussées ; pas même le timbre, tout désastreux qu'il soit.

Aucune des dispositions qui concernent les journaux ne seront non plus discutées ici. Certes la liberté des journaux se lie intimement à la prospérité de l'industrie des Imprimeurs et des Libraires ; elle les touche surtout comme l'une des sauvegardes les plus efficaces de leurs droits de citoyens. Néanmoins ils s'abstiendront de discuter ce chapitre du projet, même en ce qui concerne les Imprimeurs. Ils laisseront à d'autres le soin d'entrer dans cette discussion si grave, à laquelle est attaché peut-être le sort de la France.

Les autres changemens que le projet amendé apporte à la législation actuelle de la presse, comprennent les objets suivans :

I. Le dépôt préalable.
II. La censure pour les formats au-dessous de l'in-18.
III. L'aggravation des amendes.
IV. La faculté de poursuivre les publications les moins offensives sur les actes de la vie privée.
V. Le débat à huis-clos des délits de diffamation.
VI. L'aggravation de responsabilité des Imprimeurs.
VII. La multiplication des cas de contravention.

De plus, le projet maintient les dispositions des lois antérieures les moins compatibles avec un ordre régulier, et avec le système de pénalité qui est proposé.

§ I. *Dépôt.*

Voici, sur le dépôt, le texte de l'art. 1er du projet amendé.

« *Nul écrit de vingt feuilles et au-dessous ne pourra être mis en vente, publié ou distribué de quelque manière que ce soit, pendant les cinq jours qui suivront le dépôt prescrit par l'art. 14 de la loi du 21 octobre 1814, et par la loi du 26 mai 1819.* »

La Commission a atténué le tort du Projet lorsqu'elle a dispensé du dépôt antérieur à la publication, les ouvrages au-dessus de vingt feuilles; mais a-t-elle été dirigée par des motifs suffisamment graves, lorsqu'elle a cru pouvoir accepter, contre les livres de vingt feuilles et au-dessous, la mesure qu'elle a justement repoussée pour les livres de plus d'étendue?

Avant d'entrer dans cette discussion, il importe de constater, en fait, que les ouvrages menacés du dépôt préalable, ne sont pas tous, à beaucoup près, de simples brochures. Vingt feuilles in-8° font un volume de 320 pages; vingt feuilles in-12 font, non pas un volume de 480 pages, car on n'en fabrique presque jamais d'aussi gros de ce format, mais deux volumes de 240 pages chacun; vingt feuilles in-18 font 720 pages, c'est-à-dire deux ou, plus fréquemment, trois volumes; vingt feuilles in-32 font 1280 pages. Par-là, se trouveraient reléguées dans la classe des brochures, beaucoup d'œuvres complètes d'auteurs qui ont droit à l'immortalité. Pour ne parler que des classiques latins, ne sait-on pas qu'il faut moins de vingt feuilles pour renfermer tout ce qui nous reste de Virgile ou d'Horace, de Cornelius Nepos ou de Phèdre, de Justin ou de Salluste? etc., etc.

Ce n'est pas à dire qu'il faille se contenter d'un amendement qui bornerait aux écrits d'un moindre nombre de feuilles, la formalité du dépôt préalable; car cette mesure resterait vicieuse quelque mince que fût la dimension des ouvrages que l'on soumettrait à ce dépôt. L'observation qui précède veut dire, seulement, qu'en se plaçant au même point de vue que la

Commission, et en adoptant ses motifs, très susceptibles toutefois d'être réfutés, il aurait été nécessaire de fixer à un terme fort inférieur à vingt feuilles, la ligne de démarcation entre les livres et les brochures.

Les désavantages matériels de ce dépôt préalable sont constans.

Tous les écrits, quel que soit leur volume, ont beaucoup à souffrir des retards apportés à leur publication.

La nécessité imposée à l'Imprimeur de conserver des éditions tout entières, dans ses ateliers intérieurs ou extérieurs, non-seulement pendant la durée de la fabrication, mais encore pendant cinq jours après que la fabrication aura été complètement terminée, est pour lui une servitude fort gênante, et une occasion perpétuelle de contraventions involontaires.

Quel est le but de ce dépôt préalable? Rachète-t-il par d'incontestables avantages, la gêne qu'il impose et les maux nombreux qu'il entraînerait?

Voici les avantages que, d'après le rapport, la majorité de la Commission paraît avoir aperçus.

1° *Nécessité d'arrêter, de diminuer, au moins, le nombre des petits écrits dangereux et d'une circulation si facile.*

2° Utilité du délai pour l'Auteur ou pour l'Imprimeur, auxquels *il portera conseil.*

3° *Pourquoi ne se mettrait-on pas à même d'arrêter le mal à sa source?*

1° L'argument placé en première ligne par la majorité de la Commission, ne demeure pas facile à comprendre lorsqu'on lit tout le rapport.

On voit en effet dans la discussion de ce même article 1er, que M. le Rapporteur s'exprime ainsi : « Il n'y a « pas lieu à avertir l'Auteur ou l'Imprimeur. Ce serait « une espèce de censure, et on veut en éviter jusqu'au « soupçon. »

Cette antipathie contre la censure n'est guère conciliable avec le desir d'arrêter, ou au moins de diminuer le nombre des petits écrits; ce qui n'est autre chose qu'un moyen préventif équivalent à la censure.

Ces petits livres cependant ne sont pas sans impor-

tance. C'est M. le Rapporteur lui-même qui l'atteste en combattant le timbre. « Messieurs, dit-il, ces petits ou-
« vrages sont nombreux » (ceux de cinq feuilles et au-dessous; que sera-ce en allant jusqu'à vingt feuilles?);
« ils occupent une multitude d'hommes; l'Imprimerie
« est à Paris la seconde des professions dans l'ordre du
« nombre et du salaire des ouvriers qui y sont em-
« ployés. La diminution, pour ne pas dire la disparition
« entière des petits écrits sera sensible; et quoique, as-
« surément, on ait à cet égard mis de grandes exagé-
« rations en avant, il faut reconnaître qu'elle diminuera
« le travail d'une partie notable des ouvriers, et nuira à
« la prospérité du commerce d'Imprimerie et de Librai-
« rie.... Nos voisins, nos anciens rivaux en spéculations
« d'Imprimerie et de Librairie verront affluer chez eux
« une bonne partie de ces légers opuscules; en Belgi-
« que, en Hollande, se transportera cette portion de
« commerce et d'industrie, et les résultats en arrive-
« ront en France malgré toutes les lignes de douanes. »

De ce passage, il faut conclure qu'arrêter ou diminuer le nombre des petits écrits est un mal. C'est là ce qui a déterminé, contre le timbre préventif, l'avis de la majorité de la Commission. Comment se fait-il que la même Commission ait rejeté le timbre, de peur d'arrêter ou de diminuer le nombre des petits écrits; et que, pour arrêter ou diminuer le nombre des petits écrits, elle ait adopté le dépôt préalable?

Si le dépôt préalable a de l'efficacité préventive, il n'est meilleur ni que le timbre ni que la censure; s'il est sans efficacité préventive, si, comme le dit M. le Rapporteur, il n'a rien qui nuise au très grand nombre d'écrits, que devient alors le premier argument de la majorité de la Commission, celui qui est annoncé comme l'ayant d'abord frappée?

M. le Rapporteur convient lui-même que le dépôt des cinq jours est une précaution préventive; car voici dans quels termes il le recommande : « Comment se
« plaindre d'une *précaution* qui n'a rien d'hostile, et qui
« peut *arrêter* de grands maux? Qui pourrait surtout
« faire à une mesure si innocente le reproche de nuire

« aux sciences, à l'industrie ou au commerce, quand
« elle ne *menace* que quelques opuscules malfaisans,
« et que tout est renvoyé aux tribunaux pour l'appré-
« ciation des écrits ? »

L'essence de toute *précaution* préventive est d'*arrêter*
le bien comme le mal, de *menacer* les bons comme les
mauvais livres. M. le Rapporteur lui-même combat cette
confusion, lorsqu'il dit, à propos du timbre : « Vous
« frappez les mauvais écrits, mais vous frappez aussi les
« bons ; et enfin, n'exagérons rien, ils sont en plus
« grand nombre que les mauvais ». Resterait à prouver
que le dépôt de cinq jours prévient les mauvais, et res-
pecte les bons. Mais, à coup sûr, ce n'est pas respec-
ter les bons que de retarder leur publication, en leur
faisant subir, aussi bien qu'aux mauvais, *la quarantaine
abrégée* dont parle M. le Rapporteur.

2° « Mais, dit la Commission, ce délai pourra être
utile à l'Auteur ou à l'Imprimeur. »

Ce délai ne serait utile à l'Auteur ou à l'Imprimeur
que s'ils pouvaient facilement, pendant sa durée, faire
des corrections à l'ouvrage, soit par résultat de leurs
propres réflexions, soit en s'entourant de conseils.

Il se présente ici un obstacle matériel qui, dans la
presque universalité des cas, rendra toute correction
impossible.

On ne peut faire de corrections typographiques qu'en
conservant les formes de composition, sur lesquelles
s'opère le tirage. Quand on conserve les formes, on
laisse sans emploi toute la quantité de caractères qui s'y
trouve engagée : or, il est impossible à un Imprimeur
de laisser ainsi une forte quantité de caractères sans
emploi ; conserver un seul ouvrage, s'il a vingt feuilles, serait déjà une chose difficilement praticable ;
que sera-ce si une certaine quantité d'opuscules sont
pendant le même temps en fabrication ?

Ainsi donc, on ne peut pas retarder les corrections
et le tirage jusqu'après le dépôt. Si l'on dit que du
moins on pourrait réimprimer certaines feuilles, il est
manifeste, d'abord, que ce serait accroître de beaucoup
les frais, et ensuite qu'il faudrait, pour cette réimpres-

sion, nouvelle déclaration, nouveau dépôt, nouveau délai : ce qui aggraverait notablement le préjudice de retard.

Ces réflexions sur la difficulté matérielle des corrections, montrent qu'il n'en faut pas attendre d'utilité pour l'Auteur ou pour l'Imprimeur; mais cette utilité même, si elle existait pour eux, serait un danger mortel pour la liberté de la presse. Ce n'est pas afin de favoriser des écrits insignifians, que cette liberté est utile. Elle ne sert à quelque chose qu'autant qu'elle laisse dire avec fermeté ce que l'on ne dirait pas sans elle : et, de son côté, la censure n'est dangereuse que parce qu'elle arrête les écrits que l'on ne publierait pas si l'on manquait de courage, et qui déplaisent tout en rendant service. Le délai du dépôt sera inévitablement accompagné d'un examen préable qui, en supposant des intentions toutes bienveillantes, ne manquerait pas alors de se manifester par des conseils amiables et sous la forme d'une censure officieuse.

Si l'Auteur se refuse à la subir, s'il résiste à la proposition de déguiser sa pensée sous des tempéramens hypocrites, l'Imprimeur osera-t-il passer outre et compromettre sa liberté, sa fortune? L'Auteur, du moins, dans une pareille lutte, combat pour sa propre pensée; s'il a des dangers à affronter, il a de la gloire à conquérir : mais vouloir qu'un Imprimeur se dévoue pour la pensée d'autrui; lui donner le tort de toutes les paroles coupables, sans lui savoir gré de ce qui est bon; vouloir qu'il s'identifie tour-à-tour avec chacun des écrivains auxquels il prête ses presses; qu'il courre tout le risque du courage de Pascal ou de Molière, de Montesquieu ou de Montaigne, sans qu'aucun reflet de leur gloire le paie de s'être exposé pour eux, ce n'est pas comprendre la force de conviction qui met à un Auteur la plume à la main, et qui le porte à soutenir contre tous la vérité ou le droit de ses paroles : cette conviction-là, lorsqu'elle est tout à-la-fois périlleuse et méritoire, n'est pas un effet commercial qui se transmette dans un marché.

Telle n'est point, selon M. le Rapporteur, l'intention

du dépôt de cinq jours. « Ce serait, dit-il, une espèce
« de censure, et on veut en éviter jusqu'au soupçon.
« Qui pourrait, ajoute-il, donner cet avertissement
« quelquefois faux ou mal fondé ? » Mais si tel n'est
point le résultat que les auteurs du projet originaire ont
voulu atteindre, où donc sera pour l'Auteur et l'Imprimeur l'utilité du dépôt ? Le délai leur portera conseil !
Il sera bien tard pour se consulter, lorsque l'ouvrage
sera fini ; mais qu'arrivera-t-il, si la réflexion leur porte
conseil diversement ? Il faudra qu'ils plaident pour la
livraison de l'écrit. M. le Rapporteur connaît bien tous
les dangers qui résulteraient d'un pareil débat ; voici
comment il les signale, à l'occasion d'un autre article :
« Il s'éleverait donc un procès entre eux ; un jugement
« deviendrait nécessaire, pour décider si le passage est
« répréhensible ou non ; procès et jugement qui au-
« raient lieu sans qu'il y eût encore une seule feuille
« publiée. Mais ce jugement, émané d'une chambre
« civile des tribunaux, ne pourrait lier les juges de la
« chambre de police correctionnelle, qui, en cas de
« publication et de délit, seraient seuls compétents.
« Comment admettre l'hypothèse d'un procès civil sur
« la criminalité d'un écrit non publié ? Comment conce-
« voir l'idée de deux jugemens, l'un d'une chambre ci-
« vile, l'autre d'une chambre de police correctionnelle
« qui pourraient se contrarier ? »

3° On desire arrêter le mal à sa source, ce qui veut
dire que l'on veut pouvoir saisir intégralement l'édition : on convient qu'il sera nécessaire d'attendre,
pour cette saisie, un premier fait de publication, mais
on veut pouvoir tout saisir sur-le-champ, afin qu'un
second fait n'ait pas lieu.

Il y a plusieurs observations à faire contre cette saisie
intégrale.

La première remarque qui s'offre à l'esprit, c'est
que, dans l'état actuel de la législation, la police ne
manque d'aucun des moyens qui peuvent très promptement la conduire sur la trace des ventes d'ouvrages
défendus : les livres qu'elle veut arrêter ne peuvent pas
échapper long-temps à sa vigilance. La précaution du

projet de loi sera donc superflue dans la plupart des cas.

Remarquons ensuite que tant que les tribunaux n'ont pas déclaré un livre coupable, on doit le réputer innocent; il faut donc qu'il circule librement, ne fût-ce que pour justifier la poursuite aux yeux de tous dans l'intérêt même de la loi, et comme une pièce essentielle du procès que l'on intente à l'Auteur, à l'Imprimeur, au Libraire. Le public saura quelles paroles sont condamnées, et les décisions judiciaires pourront servir de leçons, parce que l'on connaîtra tout à-la-fois et le délit et la peine.

Si maintenant on raisonne pour la seule époque où l'ouvrage est légalement reconnu coupable, c'est-à-dire pour le temps qui suivra la condamnation, il faut savoir qu'il existe de très sévères dispositions contre la publication d'un écrit ainsi condamné. L'art. 27 de la loi du 26 mai 1819 est ainsi conçu : « Quiconque, après que la « condamnation d'un écrit, de dessins ou gravures, sera « réputée connue par la publication, dans les formes « prescrites par l'article précédent, les réimprimera, « vendra, ou distribuera, sera puni du maximum de la « peine que l'Auteur aurait pu encourir. »

Ainsi, aucun des argumens de la Commission ne justifie l'innovation d'un dépôt préalable de cinq jours. La formalité du dépôt, établi dans l'origine pour constater les droits de propriété de l'Auteur et de l'Éditeur, et pour fixer la date de la publication, est devenue par la suite un moyen de vérifier si les conditions de police imposées par la loi se trouvaient régulièrement accomplies. Faire de ce dépôt un moyen d'examen du livre, et vouloir, surtout, que cet examen précède la publication, c'est introduire une disposition tout à-la-fois préjudiciable au commerce, et destructive de la liberté de la presse.

§. II de l'Art. 1er. *En cas de contravention, l'Imprimeur sera puni d'une amende de* 3000 *francs.*

Cette amende est énorme. La négligence d'un employé de l'imprimerie, l'infidélité commise chez un assembleur ou un brocheur, dont les ateliers n'appartiennent pas à l'Imprimeur, qui n'a pas qualité pour les surveiller, l'erreur d'interprétation sur les exceptions souvent assez vagues contenues dans l'article, suffisent pour qu'elle soit encourue. On reviendra plus tard sur ces cas nouveaux de contravention qui multiplient d'une manière effrayante, les chances de ruine d'un Imprimeur, exposé à se voir priver de son brevet à la suite d'une condamnation.

§. IV de l'Art. 1er. *Ne seront comptées pour la formation des feuilles d'impression, que les pages dont la composition, la justification et les caractères seront conformes aux règles et procédés ordinaires de l'imprimerie.*

Il manque un complément à cette disposition : c'est un tarif, un type-modèle où seront déterminées la longueur légale des lignes, et la grosseur officielle des caractères. Verra-t-on créer à cette occasion des réglemens de fabrique, qu'il faudrait bientôt faire suivre d'experts, de syndics et de jurés? Le projet se réfère à tort aux règles et procédés ordinaires de l'imprimerie; elle n'en a point qui fassent loi. De légères productions imprimées avec luxe et que les Auteurs ne publient quelquefois qu'à cette condition, ou des éditions compactes destinées aux étudians, offrent à cet égard des différences qui échappent à toute appréciation. Il existe des éditions de la Bible en un vol. in-8°, d'autres en 25. Les modes intermédiaires d'impression peuvent varier à l'infini. Quel sera celui qu'on adoptera comme type?

Art. 3. *Sera puni des peines portées par les articles 15 et 16 de la loi du 21 octobre 1814, tout imprimeur qui tirera un plus grand nombre d'exemplaires, ou de parties quelconques d'exemplaires, que le nombre qu'il aura énoncé dans la déclaration qu'il aura dû faire, en exécution de l'article 14 de la même loi.*

Les exemplaires ou parties d'exemplaires qui excéderaient, seront supprimés et détruits.

En vertu de cet article, le maître Imprimeur que la jurisprudence déclare, de plein droit, responsable de toutes les contraventions qui se commettent dans ses ateliers, ne pourrait pas échapper à la peine de 1,000 fr. ou 2,000 fr. d'amende, si, par un vol que la plus active surveillance ne peut pas toujours empêcher, des ouvriers infidèles tiraient, pour leur propre compte, un ou plusieurs exemplaires en sus du nombre ordonné. Il y a même dans l'amendement de la Commission une expression dont les conséquences seraient terribles : c'est celle de PARTIES QUELCONQUES D'EXEMPLAIRES. Si donc, en comptant le papier destiné à être mis sous la presse, un employé se trompe sur le compte de quelques feuilles, si un tirage mal fait est recommencé, et que l'on oublie de lacérer ou de brûler les feuilles qui, en pareil cas, au lieu d'être détruites, ont toujours servi habituellement sous le nom de MACULATURES à divers usages intérieurs, le maître sera en contravention, et aura encouru la perte de son état. Si, pour éviter ces inconvéniens, l'Imprimeur déclare un nombre plus fort que le tirage réel, ne risque-t-il pas de se voir, auprès des parties intéressées, exposé au soupçon d'avoir imprimé pour son propre compte un nombre excédant le tirage commandé ?

§. II. *Censure pour les formats au-dessous de l'in-18.*

Art. 5. *Tout écrit de vingt feuilles et au-dessous, ne pourra être imprimé ni réimprimé dans un format au-dessous de l'in-18, sans une autorisation qui sera donnée, à Paris, par la direction de la librairie ; et, dans les départemens, par les préfets et les sous-préfets.*

En cas de contravention, les imprimeurs, éditeurs et distributeurs seront punis d'une amende de 3,000 fr. ; l'édition sera en outre supprimée et détruite.

La Commission, qui avait annoncé vouloir éviter jusqu'au soupçon de la censure, la rétablit ici très explicitement, comme pour dédommager de la défaite du timbre les auteurs du projet originaire.

Il ne faut pas croire que cette censure demeure sans objet, et que la facilité d'éviter ses entraves, en passant de l'in-24 ou de l'in-32 à l'in-18, suffise pour la rendre sans danger. Beaucoup de petits ouvrages inoffensifs, de livres élémentaires, d'almanachs, de catéchismes, ont, de tout temps, été imprimés dans les formats que l'on veut aujourd'hui censurer. Il faudra donc, pour éviter la censure, rompre les habitudes commerciales, ce qui ne se fait jamais sans préjudice. Les dépenses de stéréotypage faites pour plusieurs de ces livres se trouveraient perdues, si les autorisations étaient refusées.

Il n'y a pas à dire que l'autorisation s'accordera sans peine, pour tous les livres inoffensifs; car c'est-là l'éternel argument des amis de la censure. Pourquoi contraindre à solliciter comme une grâce l'exercice d'un droit? Ne voit-on pas d'ailleurs à quel monopole on ouvre la porte? Dans beaucoup de départemens, l'autorisation accordée à une imprimerie préfectoriale sera regardée comme un motif suffisant pour refuser à d'autres des autorisations pareilles. L'influence du préfet ou de l'évêque, pourra ne laisser accorder d'autorisation à des almanachs ou à des livres élémentaires et de dévotion qu'au prix de concessions complaisantes : et dans les pays habités par des populations non-catholiques, s'opposer à ce qui ne sera pas d'accord avec les sentimens religieux des autorités locales. Les mauvais livres changeront de format, les livres indifférens seront frappés.

L'approbation devra-t-elle être imprimée en tête de l'ouvrage autorisé, afin de mettre les Libraires et distributeurs à l'abri des erreurs? Existera-t-il un recours d'appel, soit contre la décision de la Direction de la librairie, soit contre celles des Préfets et des Sous-Préfets?

Il y a, dans cet article, un danger que tout le monde a senti; c'est qu'ainsi se replace dans nos lois la censure préalable; c'est que des législateurs futurs pourraient y trouver tout établis les moyens de consolider l'existence de ce fléau public, en l'élevant de formats en formats.

Pour justifier une tentative si alarmante, le Rapport a exprimé la crainte de transports inaperçus et de circulations clandestines entre les mains des jeunes gens, des ouvriers, des écoliers. Est-il bien nécessaire d'alarmer ainsi la France sur le sort de la plus précieuse de ses libertés, afin de rendre plus aisées les fonctions des surveillans de collèges? La police des écoles serait bien insuffisante si elle ne pouvait pas déjouer la ruse d'un enfant qui dérobe un volume aux yeux de ses maîtres, grâce à l'exiguïté du format. C'est contre de pareils livres que des poursuites sévères ne paraîtront que justes à tout le monde. Les lois pénales seront-elles donc inutiles s'il s'agit de publications coupables, et la censure est-elle tolérable s'il s'agit de publications que l'on n'ose point déférer aux tribunaux? On pourrait s'étendre beaucoup sur cet article et sur les inquiétudes que peut causer ce retour vers la censure. Les réfutations ne manqueront pas. On devait se contenter ici de quelques observations.

§ III. *Aggravation des Amendes.*

L'ordre naturel des idées exigeait que, pour justifier cette aggravation d'amendes, on alléguât des faits d'où l'on pût induire que la législation actuelle est insuffisante. La Commission ne l'a point fait. Nous allons essayer de suppléer à son silence, en mettant sous les yeux de la Chambre quelques documens extraits à la hâte de la *Gazette des Tribunaux*. S'il s'est glissé quelques erreurs, dans la rapidité du travail, elles sont faciles à rectifier. Des états réguliers et officiels doivent exister au ministère de la justice; on doit former le vœu qu'ils soient produits et examinés; car de simples souvenirs, souvent inexacts, ne peuvent servir de base à un changement de législation pour lequel on ne doit s'appuyer que sur des faits.

La *Gazette des Tribunaux* existe depuis le mois de novembre 1825. Depuis cette époque, jusqu'au 1ᵉʳ janvier 1827, elle a rendu compte d'un peu moins de quatre-vingts procès, en matière de presse, jugés tant à Paris que dans les départemens.

Ce nombre doit, à peu de chose près, comprendre tous les procès intentés durant cette époque, car on sait que les affaires de presse sont ordinairement du nombre de celles dont les journaux entretiennent leurs lecteurs: on sent d'ailleurs que les procès demeurés assez obscurs pour n'avoir pas été mentionnés dans la *Gazette des Tribunaux*, peuvent sans inconvénient être négligés comme peu importans.

Dans ce nombre d'affaires, vingt-deux concernent les journaux,

2 ont été poursuivis comme non autorisés à paraître;

6 pour avoir parlé politique, quoique n'étant que des journaux littéraires;

1 pour contravention de police;

2 pour tendance;

pour outrages à la Chambre des Députés;

3 pour un même article, accusé de provocation à la désobéissance aux lois;

1 pour refus d'insertion de la réponse d'un auteur critiqué;

Les autres pour diffamation soit contre des agens de l'autorité publique, soit contre des particuliers.

Sur ces divers procès, deux acquittemens ont eu lieu dans les procès de tendance intentés au *Constitutionnel* et au *Courrier*. On connaît les arrêts mémorables rendus à cette occasion.

Quatre autres acquittemens seulement ont été prononcés; l'un en faveur d'une *Feuille de Commerce de Saint-Quentin*, accusée de contravention pour double tirage; et les trois autres en faveur de l'*Étoile*, accusée de diffamation contre la mémoire de La Chalotais, du *Pilote*, accusé de diffamation contre les geôliers de Rouen, du *Journal de Commerce de Lyon*, accusé de diffamation contre les officiers d'un régiment de dragons.

Dans tous les autres cas, les journaux ont été condamnés à des peines plus ou moins fortes.

Les autres procès pour affaires de la presse se partagent comme il suit:

17 pour contravention à la police de la presse. Sur ce nombre on compte huit acquittemens.

6 pour plaintes en diffamation entre parties. On compte trois acquittemens. Les procès qui n'ont porté que sur des intérêts privés, les plaintes en contrefaçon, par exemple, ne sont pas compris dans ce relevé.

31 intentés pour délits de la presse par le ministère public. Sur ce nombre, neuf acquittemens seulement ont été prononcés en dernier ressort, et encore faut-il remarquer qu'une partie de ces jugemens ou arrêts d'acquittement ordonnent la destruction des ouvrages, tout en absolvant les Auteurs. L'un des arrêts comptés parmi les acquittemens, est celui de la Cour royale de Nancy, qui a condamné un mandement de M. l'évêque de cette ville, mais sans exercer de poursuites contre l'Auteur.

Sur les vingt-deux jugemens ou arrêts de condamnation, deux ont prononcé une amende sans prison, et notamment celui qui a condamné à 30 francs d'amende M. de La Mennais. Un troisième arrêt prononce, sans autre condamnation, une suspension de dix-huit mois contre un Conseiller de Cour royale.

Le dix-neuf autres jugemens ou arrêts de condamnation prononcent contre tout ou partie des prévenus des emprisonnemens outre les amendes.

Quinze procès paraissent avoir été dirigés contre des volumes in-32. Trois acquittemens seulement ont été prononcés en dernier ressort.

Voici la liste des quatorze condamnations; liste relevée à la hâte sur la *Gazette des Tribunaux*; mais qui, s'il s'y était glissé quelques inexactitudes, pourrait être rectifiée, et qui fournira du moins des données approximatives. On n'aperçoit pas quel ouvrage M. le Rapporteur a pu désigner lorsqu'il a parlé « d'une condamna- « tion à 30 fr. d'amende seulement *contre l'Auteur* ou « *l'Imprimeur* d'une biographie qui avait causé le plus « grand scandale parmi les honnêtes gens ».

Petite Biographie des Députés. — Huit mois d'emprisonnement contre l'Auteur et 200 fr. d'amende; 100 fr. contre l'Imprimeur; 16 fr. contre deux Libraires.

Biographie des Gens de Lettres. — Un mois et 25 fr. contre le Libraire; 50 et 25 fr. contre les Auteurs.

Les Coteries. — Neuf mois et 100 fr. contre l'Auteur; 16 fr contre l'Imprimeur.

La Missionéide. — Un mois et 100 fr. contre l'Auteur et l'Imprimeur.

Biographie des Pairs. — Un mois et 100 fr. contre l'Imprimeur et le Libraire; 100 fr. contre l'Auteur.

Autre Biographie des Pairs. — Quatre mois et 500 fr. contre l'Auteur; 15 jours et 100 fr. contre l'Imprimeur, quinze jours et 100; fr. un mois et 100 fr. contre les Libraires.

La Femme jésuite. — Trois mois et 400 fr. contre l'Auteur; trois mois et 300 fr. contre l'Imprimeur et le Libraire.

Extrait de l'Évangile. — Neuf mois et 500 fr. contre l'Éditeur.

Biographie des Médecins. — Vingt jours et 100 fr. contre l'Auteur.

Autre Biographie des Députés.—Treize mois et 100 fr. contre l'Auteur; 25 fr. contre l'Imprimeur; 16 fr. contre le Libraire.

Biographie des Dames de la cour.—Un an et 500 fr. contre l'Auteur; trois mois et 500 f. contre l'Imprimeur.

Dictionnaire ministériel.— Quinze jours et 50 fr. contre l'Auteur; 50 contre l'Imprimeur; 300 fr.; 100 fr. contre les Libraires.

Si, en présence d'un pareil recueil de faits on voulait accuser la législation actuelle de mollesse ou d'impuissance, il faudrait dire quels scandales n'ont pas pu être atteints par des poursuites; quels acquittemens ont affligé les hommes honnêtes; quelles peines ont été illusoires par leur faiblesse. Si l'on n'oppose à des faits que des généralités déclamatoires, comment porterait-on la conviction dans les esprits impartiaux? A force de dire et de redire que la licence de la presse est impunie, on finit par se faire croire de ceux qui n'ont pas la possibilité ou le loisir de se livrer eux-mêmes à des vérifications: mais ces illusions doivent se dissiper en présence des faits.

Les jugemens et arrêts rendus, prouvent que la législation actuelle est suffisante.

Elever le *maximum* des amendes jusqu'à 20,000 fr., comme le projet originaire, et jusqu'à 30,000 fr. comme le projet de la Commission, c'est rétablir indirectement la confiscation que la Charte avait détruite. Si l'on suppose que ce *maximum* ne serait que comminatoire, c'est se jouer de la loi qui ne doit être faite que pour être appliquée. L'article 16 du projet contient huit paragraphes. Voici, d'après les lois actuelles, le *maximum* des peines pour les cas que ces huit paragraphes prévoient.

1er et 4e, cinq ans de prison et 6000 fr. d'amende.

2e, deux ans et 4000 fr.

3e, cinq ans et 10,000 fr.

5e et 6e, trois ans et 5000 fr.

$7^e, 1°$, deux ans et 5000 fr.

$7°, 2°$, dix-huit mois et 3000 fr.

8e, un an et 2000 fr.

Voilà les peines que le projet trouve trop douces. Il faut remarquer, de plus, que toute peine contre un Imprimeur ou un Libraire, se bornât-elle à un franc d'amende, est une peine énorme, puisqu'en vertu de l'article 12 de la loi du 21 octobre 1814, son brevet est mis de plein droit, par une pénalité additionnelle, à la disposition de l'administration, désormais arbitre suprême de son sort.

Elever le *minimum* des amendes que la Commission porte jusqu'à 5000 fr. dans plusieurs cas, jusqu'à 3000 ou 2000 fr. dans d'autres, c'est nuire aux justiciables, au bon ordre de la société, et à la considération de la magistrature.

Une proportion équitable entre les délits et les peines, est avant tout un besoin de justice ; et lorsque les peines sont excessives, elles perdent le caractère de la justice pour prendre celui de la colère. « Toute punition infligée au-delà de ce que mérite le délit, dit Franklin (*Mélanges*, tom. II, pag. 161), n'est-elle pas, quant à ce qui excède la juste peine, une punition infligée à l'innocence ? »

L'exagération des peines, outre le tort d'être injuste, a aussi celui d'être imprudente. Placés entre la nécessité d'infliger une punition énorme ou de prononcer une absolution, des juges prennent souvent le parti d'absoudre. C'est un axiome proclamé par tous les criminalistes. On a déjà cité, mais il faut citer encore, l'opinion pleine de bon sens et d'humanité émise par M. Jacquinot de Pampelune, lorsqu'il a obtenu, dans la discussion de la loi du 17 mai 1819, l'abaissement des *minimum* que le projet ministériel avait élevé trop haut.

« La Charte, disait-il, a aboli la confiscation. Gardons-nous de rendre illusoire cette bienfaisante disposition, en obligeant les juges à prononcer des amendes trop considérables. La confiscation a été abolie, parce que cette peine, ne pesant pas seulement sur le condamné, mais sur sa famille, punissait des malheureux pour un crime dont ils étaient innocens. Les amendes trop fortes produiraient le même résultat. »

Il n'est pas inutile de remarquer que M. Jacquinot

de Pampelune parlait ainsi sur l'art. 2 de la loi du 17 mai 1819, dont le *minimum*, dans le projet alors proposé, était porté à 500 francs, qui a été, par amendement, réduit à 50, et que le projet actuel des ministres, ainsi que le projet de la Commission, veulent porter à 2000 francs.

« Il n'est aucun de mes honorables collègues exerçant des fonctions dans la magistrature, ajoutait M. Jacquinot de Pampelune, qui ne vous déclare que les tribunaux ont gémi souvent sur les dispositions impératives qui ne permettaient pas de fixer les peines au-dessous d'un *minimum* déterminé. »

On peut aller plus loin. On peut affirmer, sans craindre d'être démenti, que des peines excessives sont la cause la plus ordinaire de l'impunité des délits.

L'élévation des *minimum* est une accusation contre la magistrature : c'est dire qu'elle a abusé, par mollesse, de la facilité que la loi lui avait laissée pour la modération des peines. Porter une telle accusation contre la magistrature, c'est se mettre en contradiction avec les faits ; elle s'est au contraire montrée très sévère.

Le cinquième paragraphe de l'article 16 du projet de la Commission, change la pénalité de l'art. 11 de la loi du 17 mai 1819, qui était, outre un emprisonnement d'un mois à trois ans, une amende de 100 fr. à 5000 fr. La Commission porte l'amende depuis 3000 fr. jusqu'à 20,000 fr. Or cet article est celui qui punit l'offense envers les Chambres ou l'une d'elles. Lorsque la Chambre des Députés a condamné le Journal du Commerce, elle ne l'a condamné qu'au *minimum* de 100 fr. Si la Chambre a trouvé que cette peine était suffisante, si elle n'a pas voulu porter l'amende à plus de 100 francs, comment lui demander aujourd'hui à elle-même de porter à 3000 francs le *minimum* de l'amende contre un délit qu'elle a jugé suffisamment puni par 100 fr. seulement?

La justice et le bon ordre ont tout à perdre à de pareilles exagérations.

§ IV. *Faculté de poursuivre les Publications les moins offensives sur les actes de la vie privée.*

Voici le premier paragraphe de l'art. 17 du projet amendé :

Toute publication sur les actes de la vie privée de tout Français vivant, et de tout étranger résidant en France, pourra être poursuivie *par le ministère public,* et sera punie *d'une amende de* 500 *francs.*

Deux observations, des plus graves, se présentent à la lecture de cet article. L'une est exposée et débattue dans le Rapport de la Commission, l'autre y est entièrement passée sous silence.

La première observation a été faite par M. le Rapporteur ; elle consiste à s'étonner de cette susceptibilité nouvelle, dont la manifestation imprévue ne saurait transformer en délit une publication qui n'aurait rien d'offensant, et qui, sans inculper nullement ceux qu'elle concernerait, pourrait même, très souvent, n'avoir lieu qu'à sa louange.

L'autre observation doit porter sur cette disposition étrange, par laquelle l'appréciation de culpabilité de la publication est ôtée aux tribunaux, pour être transférée au ministère public. Ce qui est facultatif, c'est la poursuite du ministère ; ce qui est impératif, c'est la condamnation toutes les fois que la poursuite aura lieu. N'est-ce pas là un renversement d'attributions qui confère au ministère une puissance exorbitante, et qui fait remplir aux tribunaux un rôle au-dessous de leur dignité ?

Cette interprétation résulte inévitablement du texte du projet : *Toute publication* pourra *être poursuivie par le ministère public, et* sera *punie.* La lecture du rapport doit convaincre que cette interprétation, toute singulière qu'elle doive paraître, est conforme au sens de l'article. On a senti que la condamnation de toute publication quelconque sur la vie privée serait une règle générale trop absolue, et pour ôter à l'article sa généralité, c'est le ministère public qui est constitué juge de son application ! L'intervention des tribunaux sera réduite à une pure forme ; ils n'auront plus, quelle que puisse être leur opinion, qu'à imprimer la force légale à la condamnation que le ministère public, par le fait seul de son accusation, aura prononcée.

§ V. *Débat à huis-clos des délits de diffamation.*

Ceci n'intéresse pas spécialement les Imprimeurs et les Libraires. Ils laisseront aux criminalistes à apprécier cette innovation qui rend impossible d'obtenir judiciairement des réparations d'honneur. Un honnête homme diffamé veut ordinairement que des débats publics le réhabilitent hautement aux yeux de ses concitoyens. Qu'importe que le jugement soit prononcé en public, si les débats ont été secrets?

§ VI. *Aggravation de la responsabilité des Imprimeurs.*

Art. 19. *Tout Imprimeur d'écrit publié et condamné, sera responsable civilement des amendes, des dommages-intérêts et des frais portés par les jugemens de condamnation.*

Néanmoins, et suivant les circonstances, le tribunal pourra le décharger de la responsabilité.

Le projet des Ministres, sur la responsabilité des Imprimeurs, présumait la culpabilité de ceux-ci de complicité avec les Auteurs, Éditeurs ou Libraires, de plein droit, dans tous les cas, et nonobstant toute preuve contraire.

La Commission ne s'est pas prêtée à ce renversement de tous les principes reçus en matière pénale; mais il est bien étrange qu'elle se soit bornée à écarter la culpabilité de plein droit, et qu'elle ait cru pouvoir adopter comme règle que la présomption de culpabilité sera le droit commun, et l'innocence un cas d'exception.

Lorsque la disposition exprimée par l'art. 24 de la loi du 17 mai 1819, qui ne permet pas de rechercher les Imprimeurs pour le simple fait d'impression, *à moins qu'ils n'aient agi sciemment*, fut proposée par amendement, pour être introduite dans la loi, elle ne fut alors combattue que comme trop évidente par elle-même pour avoir besoin d'être formellement exprimée. Nul orateur, d'aucun des côtés de la Chambre, ne se leva pour prétendre, comme on le soutient aujourd'hui, que le simple fait d'impression dût être considéré comme indice de culpabilité. Voici comment s'exprimait, à cet égard, M. le duc de Broglie, dans le rapport, si remarquable, fait par lui à la Chambre des Pairs.

« Ces propositions équivalent à celles-ci : Chacun est
« responsable de ses actions. — Nul n'est puni s'il a agi
« de bonne foi et sans mauvaise intention.

« Si quelqu'un eût proposé d'insérer dans la loi ces
« axiômes, il n'est personne qui n'en eût souri. Nous
« devons le dire, toutefois; ils y figureraient plus con-
« venablement que l'art. 24.

« La loi parle de publication, elle punit les délits qui
« résultent de la publication ; elle inculpe les Auteurs,
« non pas d'un *livre*, mais de la *publication* ; elle les in-
« culpe tous sans distinction ; mais, comme toutes les
« lois pénales, elle ne reconnaît point de crime sans
« intention criminelle, et bien vainement en reconnaî-
« trait-elle. Jamais elle n'obligerait *sans scandale* un jury
« à déclarer coupable un innocent, un ignorant, ou
« même un imprudent. Distinguer entre les divers de-
« grés de coopération des diverses professions qui con-
« courent à la publication d'un écrit ; dire à l'un qu'il
« est nécessairement le coupable, à l'autre que ce sera
« lui qui le deviendra au besoin, est une entreprise *qui*
« *est et qui demeure à jamais inexécutable.* »

Cette entreprise *à jamais inexécutable*, est tentée maintenant dans l'intention avouée de rétablir la censure.

On veut donner aux écrivains un censeur, que l'on appelle, il est vrai, censeur amiable, censeur de leur choix, conseil bienveillant, mais qui, malgré toutes les épithètes, n'en représente pas moins des fonctions que la liberté repousse.

Le mal profond que toute censure fait à la société, serait ici accompagné d'une injustice cruelle contre l'Imprimeur; les trois motifs énoncés par M. le Rapporteur, sous la forme d'objections contre le projet des Ministres, suffiraient pour démontrer, jusqu'à l'évidence, que cette censure est intolérable, même telle que la commission l'a adoptée.

Et d'abord, « on ne peut les rendre juges suprêmes « des Auteurs, leur déférer le droit de décider souverai- « nement le *quid deceat, quid non, quò virtus, quò ferat* « *error* ». Vainement repousserait-on cette objection par des complimens sur les lumières des Imprimeurs; il n'est aucun d'eux que la vanité abuse, jusqu'à lui faire croire qu'il possède la science universelle. Est-il un homme, quelque haut qu'il soit placé, qui puisse se déclarer infaillible, seulement sur les questions qui touchent à la religion, à la morale, à la politique, à la législation, à l'économie publique, sans parler même, avec M. le Rapporteur, « des matières difficiles ou scien- « tifiques dans lesquelles il peut se glisser des erreurs, » *même très dangereuses* »? Que peut-on répondre à l'argument tiré de la différence des jugemens rendus par les magistrats dont les uns condamnent ce que les autres ont absous, dont d'autres absolvent ce que des premiers ont condamné? Une phrase qui sera coupable de la part de celui qui l'aura écrite dans une intention méchante, ne peut-elle donc pas échapper à l'homme qui examine sans préoccupation? Lorsque la législation permettait de salarier des censeurs, ne se trompaient-il jamais? Ces difficiles fonctions, dont on ajoute la charge à toutes les autres occupations des Imprimeurs, on veut que ceux-ci ne les exercent que sous le poids de la menace de leur ruine, s'ils viennent à laisser échapper une erreur.

En second lieu, « les Imprimeurs accrédités sont ac- « cablés de travail et d'occupation de tous genres; ils « ont sept ou huit Correcteurs qui ne sont occupés « qu'à revoir et à corriger; qu'on juge si le seul chef « de la maison peut tout examiner ». Il faut dire, pour compléter cette objection, que le temps manquerait à l'Imprimeur quand même il n'aurait autre chose à faire que ces lectures dont sa fortune dépendra, et qui doivent porter sur les Ouvrages qu'il rejette comme sur les Ouvrages qu'il imprime; sans que rien l'indemnise d'avoir lu inutilement. Ajoutez à ces lectures, la surveillance nécessaire pour éviter les contraventions, qui toutes retombent sur le maître, et devenues si effrayantes et si minutieuses, que ce n'est pas trop de tout son temps pour s'assurer que ses subordonnés les éviteront. Voilà donc tout son temps employé, et au-delà, sans que rien soit fait encore pour les travaux multipliés d'une profession, qui a toujours été considérée comme l'une des plus laborieuses qu'un homme actif puisse entreprendre.

La troisieme objection, mentionnée dans le Rapport, est relative à l'impossibilité de faire juger, par un tribunal quelconque qui fût compétent, les difficultés qui s'éleveraient entre l'Auteur et l'Imprimeur, pour des parties d'ouvrage remises à celui-ci, seulement, après l'impression commencée.

Cette objection si grave, s'applique aussi à tous les changemens de phrases ou de mots apportés *sur épreuve*, et à toutes les additions faites par l'Auteur pendant l'impression; en sorte que l'Imprimeur, après avoir lu, avec l'attention d'un juge, tous les manuscrits qu'on lui présentera, devra lui-même revoir toutes les corrections de toutes les épreuves.

A ces objections, quelles sont les réponses ? 1° l'avantage immense pour la société de poser en principe la responsabilité de l'Imprimeur ; 2° son obligation d'examiner avec attention les ouvrages qu'il imprime ; 3° enfin celle de connaître l'existence sociale de la personne avec laquelle il contracte.

Reprenons ces trois motifs.

Le premier préfère *l'avantage immense* de la société à la bonne et simple administration de la justice, mesurée seulement sur la criminalité ou l'innocence d'un citoyen accusé. Il fait prévaloir l'intérêt de ce que l'on regarde comme le salut de tous, sur le sort d'un homme qui n'a pas été coupable, si son intention n'a pas été criminelle : qu'est-ce là autre chose que sacrifier le juste à l'utile, et que remettre en honneur cette honteuse et déplorable maxime que le salut du peuple est la suprême loi !

L'obligation d'examiner, avec soin, ce que l'on imprime n'est pas nécessaire à la sécurité sociale, lorsque l'Auteur, ou à son défaut l'Editeur, sont là pour répondre légalement de leurs paroles et de leurs actes. L'utilité d'une censure par l'Imprimeur ne saurait devenir équitable que si elle était de nature à se concilier avec une possibilité quelconque d'examen. Si la science et le temps ne peuvent pas ne pas manquer à celui auquel on impose le devoir d'examiner, est-il juste de faire ainsi un devoir d'un examen inexécutable, et d'attacher des peines terribles aux erreurs de cet examen ? La présomption d'équité, seule concordante avec les faits, c'est que l'Imprimeur ne connaît point le contenu des feuilles qui sortent de ses ateliers ; ce n'est que dans les cas d'exception qu'il est permis de supposer que l'Imprimeur a pris une connaissance complète et attentive de l'ouvrage mis sous ses presses. Mais alors l'Imprimeur ajoute à ses fonctions celles d'Editeur ; ce qu'il ne peut faire que pour un petit nombre de livres de choix, en supposant que son établissement soit suffisamment occupé.

La connaissance de l'existence sociale de la personne avec laquelle l'Imprimeur contracte, pourrait indubitablement offrir une garantie. Mais il est complètement inexact de dire que cette circonstance soit prise en considération. Ni le projet des ministres, ni celui de la Commission n'en disent rien.

La responsabilité des Imprimeurs est sans justice à leur égard. Elle compromet la dignité des écrivains ; elle nuit à la société tout entière.

§ VII. *Multiplication des cas de contravention.*

L'on ne saurait trop souvent redire que les condamnations pour contravention, même la plus légère, placent de plein droit, le brevet du Libraire ou de l'Imprimeur à la discrétion de l'administration.

Il faut savoir ensuite que la jurisprudence de la Cour de cassation n'admet pas d'excuse en matière de contravention ; qu'elle casse les arrêts s'ils acquittent en se fondant sur la bonne-foi, ou en attestant que l'inobservation des réglemens reprochée au maître est le fait de ses commis ; s'ils excusent une contravention parce qu'une longue tolérance de l'autorité a consacré l'usage attaqué ; s'ils se refusent à condamner un Libraire malade à cent lieues de chez lui, quand une contravention s'est commise dans ses magasins.

Cela posé, chacun peut voir qu'un Imprimeur ou un Libraire court, à tous les momens de la journée, le risque de perdre son état, parce qu'un de ses employés peut, à tous les momens aussi, commettre une infraction aux réglemens.

Sans parler des dangers que feraient courir aux Imprimeurs les dispositions rejetées par la Commission, sans rien dire, par exemple, du timbre, de la possibilité que quelques feuilles non timbrées se mêlent avec des feuilles timbrées, de la facilité des erreurs sur les cas d'exception, de la nécessité de composer tout l'ouvrage avant de commencer à le tirer, lorsqu'on sera incertain s'il atteindra ou non cinq feuilles ; sans vouloir enfin s'occuper ici de rien autre chose que du projet tel que la Commission l'a amendé, que de contraventions nouvelles, que d'appréhensions pour les Imprimeurs !

L'article 1er ordonne le dépôt cinq jours avant la publication pour les ouvrages de vingt feuilles et au-dessous. L'étourderie d'un employé qui livrera des exemplaires à la fin du quatrième jour, l'infidélité d'un brocheur qui trafiquera illégitimement de quelques exemplaires, la trahison d'un ouvrier poussé par un motif quelconque de vengeance, ou autre, à nuire au maître Imprimeur, exposent celui-ci perpétuellement.

Il faut ajouter ici une observation de la plus haute importance. Ne pourra-t-il pas arriver que l'un des exemplaires déposés à la direction de la Librairie circule avant les cinq jours, et vienne à être saisi ? Que l'on ne voie pas là une hypothèse dénuée de toute probabilité. Il est notoire que des exemplaires de dépôt, vendus par lots, circulent dans le commerce, même avant que l'ouvrage soit publié, et mis en vente. S'il fallait ouvrir une enquête sur ce point, il ne serait pas difficile de dire avec qui ces sortes de marché se passent habituellement. Rien dans la loi ne distingue, par une marque particulière, les exemplaires de dépôt.

L'article 2 donne une liste d'exceptions à la nouvelle formalité du dépôt préalable.

Comment, pour les ouvrages dramatiques, l'Imprimeur pourra-t-il vérifier si la pièce est conforme à la représentation ?

Qu'est-ce qu'un catalogue non raisonné? une note de quelques lignes, la mention d'un succès académique, l'extrait d'un éloge de journal, suffisent-ils pour qu'un catalogue soit raisonné?

Quels sont les avis et affiches pour lesquels la loi exige une permission de l'autorité municipale? On ne cite aucune loi qui confère à une autorité quelconque un droit de censure sur les avis et affiches; droit de censure contraire à la législation de 1819, qui n'a point encore été abrogée sur ce point.

Dans tous les cas où il existera un doute, l'Imprimeur serait exposé aux conséquences terribles d'une contravention, s'il se trompait dans l'interprétation de clauses qui souvent seront d'une application équivoque. Si dans le doute il prend le parti d'attendre, sans déposer, ne se trouvera-t-il pas exposé à des débats contre l'Auteur, et même à des actions judiciaires en dommages et intérêts.

L'article 3, en considérant comme contravention tout tirage excédant le nombre déclaré, même pour des portions d'exemplaires, entraîne pour l'Imprimeur des dangers déjà signalés précédemment.

L'article 4 est amendé dans l'intention de détruire une partie des inconvéniens du projet de loi qui était matériellement inexécutable; mais il reste encore pour l'Imprimeur une gêne excessive dans l'obligation qui lui est imposée de conserver toute une édition jusqu'à sa publication. Il pourra fréquemment se présenter des cas où un Imprimeur, s'il est chargé d'imprimer à-la-fois un grand nombre d'ouvrages, manquera de magasins pour tout conserver à-la-fois, ou bien sera obligé de se charger du fardeau d'un loyer excessif. L'amendement de la Commission contient, de plus, une erreur grave, en considérant comme ateliers de l'Imprimeur ceux de séchage, satinage, etc. Les individus qui tiennent ces ateliers exercent des professions indépendantes, paient des patentes, sont hors de la surveillance de l'Imprimeur, qui ne peut pas répondre des contraventions qu'ils viendraient à commettre.

Ces cas nouveaux de contravention, ajoutés à ceux que la législation actuelle a établis et que le projet de loi consacre tous, à l'aggravation immodérée des amendes, et surtout à la responsabilité civile de l'article 19 du projet amendé, réduisent les professions d'Imprimeur et de Libraire, à l'état le plus précaire et le plus périlleux.

§ VIII. — *Maintien de toutes les dispositions antérieures.*

Le dernier article du projet de loi maintient toutes les dispositions antérieures relatives à la police de la presse. Il est cependant des réformes, depuis long-temps sollicitées, que le commerce attendait avec une anxiété toujours croissante.

La plus importante des modifications si vivement desirées était l'abrogation de l'art. 12 de la loi du 21 octobre 1814, ainsi conçue : « Le brevet pourra être re-
« tiré à tout Imprimeur ou Libraire qui aura été con-
« vaincu, par un jugement, de contravention aux lois
« et réglemens. »

Le brevet de l'Imprimeur est le seul titre de son existence légale et commerciale; il en faut dire autant du brevet de Libraire, surtout depuis qu'une partie des Cours du royaume ont jugé que le réglement de 1723 reste toujours en vigueur dans plusieurs de ses dispositions. Priver de ce titre un Imprimeur ou un Libraire, c'est lui infliger la plus sévère de toutes les peines, c'est prononcer la confiscation de la plus grande partie de ses biens. Une Imprimerie, un fonds de Librairie, ne sont pas des valeurs facilement réalisables ; l'Imprimeur, le Libraire destitués, se verront cependant forcés de vendre leur actif, dans le plus bref délai, à bas prix, et aux charges que la difficulté de leur position permettra de leur imposer. Des presses, des caractères, dont la première acquisition aura été fort coûteuse, et susceptibles encore d'un long usage, tomberont dans une dépréciation complète lorsqu'il faudra les vendre du jour au lendemain. Mille ou deux mille exemplaires d'un ouvrage, dont on peut attendre de justes bénéfices s'ils s'écoulent progressivement, descendent au-dessous du prix de fabrication, s'il devient nécessaire de les vendre en masse.

L'autorité judiciaire étant le seul pouvoir compétent pour appliquer des peines, c'est empiéter sur ses attributions, que de conférer au pouvoir administratif la faculté de prononcer, à son gré, la peine énorme de la destitution, plus forte que toutes les amendes; c'est renverser l'ordre régulier des juridictions, et jeter la confusion entre les pouvoirs. Il suffit que des juges aient prononcé une amende d'un franc, pour que l'administration, tenant à sa discrétion l'Imprimeur ou le Libraire condamné, le soumette à toutes les conditions les plus dures, de l'accomplissement desquelles elle déclarera faire dépendre la conservation du brevet.

Les amendes proposées par le projet excèdent toutes proportions, mais enfin, quelque énormes qu'elles soient, un tribunal du moins les prononce, après discussion contradictoire et avec tout ce que les formes judiciaires ont de rassurant. Laisser la direction de la police juger, en l'absence de toute formalité tutélaire, sans contradicteur, sans publicité, sans avoir besoin d'exprimer des motifs, permettre que ce jugement n'aille à rien moins qu'à tuer l'industrie d'un citoyen, qu'à anéantir sa fortune, celle de sa famille et les espérances de ses enfans, c'est créer une juridiction tout exceptionnelle, que nos lois fondamentales ne reconnaissent pas, et dont le moindre mal est de distraire les citoyens de leurs juges naturels.

La loi nouvelle étant relative à la police de la presse, ainsi que son titre même l'indique, offrait une occasion facile de rectifier ce vice de la législation. L'aggravation des peines était un motif de plus pour supprimer du moins cette pénalité exceptionnelle, placée hors de la sentence des juges, qui peut, suivant le gré de l'administration, en être ou n'en être pas la conséquence, et dont aucun tribunal n'est appelé, en aucun cas, à apprécier l'inopportunité ou la justice. Maintenir cette disposition, malgré la nouvelle aggravation des peines, c'est empirer la condition des Imprimeurs et des Libraires jusqu'à un point dont ni les Auteurs du projet originaire ni les membres de la Commission n'ont, sans doute, soupçonné la gravité.

M. le Rapporteur en combattant la disposition de l'article 1er du projet, qui ordonnait, en cas de contravention à l'obligation du dépôt, que l'édition fût supprimée et détruite, disait à bon droit de la suppression d'un ouvrage. : « Elle doit être la suite d'un juge-
« ment.... Il n'y aurait nulle équité à infliger cette peine
« pour simple contravention à une disposition régle-
« mentaire. » Ya-t-il donc plus d'équité à ordonner, pour simple contravention à une disposition réglementaire, la suppression de la fortune ou de l'état d'un citoyen?

Un amendement qui abrogerait l'art. 12 de la loi du 21 octobre 1814, semblait indispensable dans un projet nouveau sur la police de la presse; les Imprimeurs et les Libraires pouvaient espérer que l'on reconnaîtrait qu'il leur est dû.

Cet amendement était dû aussi au maintien du bon ordre. Tous les magistrats qui siègent dans la Chambre peuvent le dire : N'est-il pas vrai qu'au moment de prononcer des peines peu graves contre des contraventions excusables, ils ont frémi de se voir appelés à être les organes de condamnations que leur volonté était de rendre légères, et que la loi rendait excessives malgré eux? Or, comme les peines excessives sont nécessairement injustes, comme l'impunité, qui est un grand mal, est un moindre mal que l'injustice, il est évident que des acquittemens auront souvent lieu, quand les fautes seront légères. La société serait mieux garantie, les condamnations plus sûres, et les décisions plus profondément équitables, si toute proportion n'était pas rompue entre la peine et le délit.

Le maintien de toutes les lois antérieures laisse subsister contre les Imprimeurs les peines de l'emprisonnement, en même temps que les amendes sont si fort accrues, et que la responsabilité civile met à la charge de l'Imprimeur, outre ses propres peines, les peines pécuniaires qu'auront encourues les Auteurs, Éditeurs, Libraires, Distributeurs. N'y a-t-il pas là quelque méprise? est-ce à dessein que l'on a laissé subsister à-la-fois contre les mêmes individus ces systèmes divers de pénalité, et que l'on a dévoué une profession dont l'industrie devrait être libre, à des périls si multipliés et à des transes de tous les momens?

On ne s'est attaché, dans ces observations, qu'à faire entendre le langage des intérêts matériels blessés; les hautes questions politiques, si fortement engagées dans le système du nouveau projet, ne manqueront pas, dans le cours de la discussion, de présenter des considérations d'un ordre plus élevé. Toutefois, le bien-être de l'industrie, quoiqu'il ne soit pas le motif unique de détermination pour le législateur, est un des élémens qu'il n'a pas le droit de négliger quand il veut former son opinion. Les Imprimeurs et les Libraires n'ont pas seulement leurs intérêts et ceux de leurs familles à défendre; ils se regardent comme les tuteurs d'une nombreuse population ouvrière, dont la plus grande partie manquerait de travail et de pain, si, par l'adoption du projet, un nombre considérable de presses françaises s'arrêtait sans occupation.

Les Députés de la France pourraient-ils consentir jamais à tarir dans sa source une industrie qui se rattache de si près à la gloire de notre littérature et aux progrès des sciences; abdiqueront-ils une si belle portion de notre illustration nationale; n'aimeront-ils pas mieux montrer assez de confiance dans la vérité, pour croire que la liberté suffit seule pour la défendre?

www.ingramcontent.com/pod-product-compliance
Lightning Source LLC
Chambersburg PA
CBHW060526050426
42451CB00009B/1184